Kohlhammer

Die Autorinnen

Andrea Dixius ist Diplom-Psychologin, Psychologische Psycho-therapeutin und leitende Psychologin der SHG-Kliniken Sonnenberg für Kinder- und Jugendpsychiatrie, Psychotherapie und Psychosomatik im Saarland und wissenschaftliche Mitarbeiterin und Lehrbeauftragte der Universität des Saarlandes. Sie leitet die Kindertraumaambulanz (OEG) Saarland. Zu ihren Schwerpunkten zählen die Behandlung von Emotionsregulationsstörungen, Borderlinestörungen, Traumafolgestörungen und Essstörungen. Sie implementierte Behandlungskonzepte zu diesen Therapieschwerpunkten, so auch die Dialektisch-Behaviorale Therapie für Adoleszente (DBT-A) in den SHG-Kliniken für Kinder- und Jugendpsychiatrie, die durch den Dachverband DDBT e.V. zertifiziert wurden. Sie ist DBT-Therapeutin und DBT-A-Trainerin und hat eine langjährige Fachexpertise im Bereich der Psychotraumatherapie. Sie ist als Dozentin und Supervisorin tätig. Die Durchführung und Koordination klinischer Studien beschreiben eines ihrer weiteren Tätigkeitsfelder. Innovative Netzwerk- und Kooperationsprojekte mit Jugendhilfe, Schulen, psychosozialen Einrichtungen bilden neben der Arbeit mit minderjährigen geflüchteten Jugendlichen einen zusätzlichen Schwerpunkt ihrer Arbeit.

Bereits 2016 konzeptionalisierte und manualisierte sie als Erstautorin das mittlerweile international etablierte „START"-Konzept für Jugendliche (Stress-Traumasymptoms-Arousal-Regulation-Treatment) in Zusammenarbeit mit Eva Möhler. 2022 folgte START-Kids, das vorliegende Werk der beiden Autorinnen. Sie verfasste und illustrierte das Manual. Zu START und START-Kids sind Studien veröffentlicht und auf internationalen Kongressen präsentiert. Sie schätzt die fachliche und persönliche Zusammenarbeit mit Eva Möhler sehr.

Prof. Dr. med. Eva Möhler ist Lehrstuhlinhaberin für Kinder- und Jugendpsychiatrie und -Psychotherapie am Universitätsklinikum des Saarlandes und zugleich Chefärztin der dortigen Klinik und der SHG-Kliniken für Kinder- und Jugendpsychiatrie, -Psychotherapie und -Psychosomatik. Zuvor war sie stellvertretende ärztliche Direktorin der Klinik für Kinder- und Jugendpsychiatrie der Universität Heidelberg. 2008 erhielt sie die Venia Legendi der Medizinischen Fakultät Heidelberg. In ihrer Habilitationsschrift sowie daran anschließenden Forschungsprojekten widmet sie sich dem Thema „Early Life Stress". Ihre Habilitationsschrift „Determinanten der emotionalen Entwicklung" beschäftigt sich mit dem Einfluss adversiver früher Umgebungsbedingungen auf die emotionale Entwicklung in der Kindheit. Der Schwerpunkt ihres wissenschaftlichen und klinischen Interesses liegt an den Schnittstellen zwischen Kinder- und Jugendpsychiatrie und Erwachsenenpsychiatrie.

Im Jahr 2009 gründete sie die Eltern-Kleinkind-Ambulanz in Saarbrücken, im Jahr 2011 gemeinsam mit dem ärztlichen Direktor der Erwachsenenpsychiatrie Dr. Wolfgang Hofmann eine Transitionspsychiatrische Adoleszentenstation und im Jahr 2012 eine Mutter-Kind-Station. Seit 2016 personalisierte und supervidierte sie ein Clearing-Haus und die zentrale „Vorclearing"-Stelle für unbegleitete minderjährige Geflüchtete im Saarland. Die notwendige Stabilisierungsarbeit mit diesen sehr belasteten jungen Menschen hat zur Entwicklung des Programms START mit beigetragen. Die Manualisierung erfolgte unter der Federführung von Andrea Dixius. Mit ihr verbindet Eva Möhler eine über zehn Jahre währende exzellente und produktive Arbeitsbeziehung

Andrea Dixius
Eva Möhler

START-Kids – Stress-Arousal-Regulation-Treatment for Kids

Das Arbeitsheft für Kinder zum START-Kids-Manual

Verlag W. Kohlhammer

1. Auflage 2023

Gesamtherstellung: W. Kohlhammer GmbH, Stuttgart

Print: 978-3-17-042945-1

Inhalt

ERLEBNIS PARK
DER
GEFÜHLE
SCHULE
START – Kids
www.startyourway.de
© by A. Dixius

Hallo,

wir freuen uns, dass du am START-Kids teilnimmst. START-Kids ist ein Programm, das dabei hilft, mit Stress und schwierigen Gefühlen leichter umgehen zu können. Die Übungen in START-Kids kannst du entweder allein oder in der Gruppe ausprobieren.

Zusammen ist es oft einfacher zu lernen. Die Übungen machen viel Spaß und es gibt sogar eine Schatzkarte und kleine Belohnungen.

Die Figur „KIM“ führt dich durch das Programm, erklärt dir, wie die Übungen in START-Kids ablaufen und gibt dir gute Tipps. Damit du schon von Anfang an weißt, was dich in START-Kids erwartet, haben wir dieses kleine Heft „Arbeitsheft für Kinder“ mit wichtigen Informationen und Materialien für dich zusammengestellt.

Bitte nutze das „Arbeitsheft“ auch zu Hause. Dort kannst du alles nochmal nachschauen und vielleicht auch die Übungen zusammen mit deinen Eltern, Geschwistern, anderen Familienmitgliedern oder auch Betreuerinnen oder Betreuern üben.

Die Texte kannst du dir vorlesen lassen oder sie vielleicht schon selbst lesen. Es wäre großartig, wenn du die Übungen regelmäßig ausprobiert und übst. Bring das Arbeitsheft bitte zu den Gruppenstunden oder auch Schulstunden immer mit, so kannst du „Belohnungspunkte“ in deiner Schatzkarte sammeln und später dafür eine Überraschung bekommen.

Jetzt freuen wir uns, mit dir zusammen die Übungen auszuprobieren. Wir wünschen dir ganz viel Spaß dabei und auch in den Gruppenstunden.

Andrea Dixius & Eva Möhler

Liebe Eltern, liebe Bezugspersonen,

die Kinder lernen in START-Kids Übungen zum Umgang mit Stress und zur Gefühlsregulierung. Das Arbeitsheft enthält einfache Übungen dazu. Die Bilder im Arbeitsheft helfen den Kindern, sich an die Übungen zu erinnern und sie zu wiederholen, so können sie im Alltag gut eingesetzt und angewendet werden.

Nun eine Bitte: Lesen Sie Ihrem Kind die Texte zu den einzelnen Übungen vor. Es wäre natürlich hervorragend, wenn Sie die Übungen zuhause mit Ihrem Kind wiederholen und gemeinsam durchführen.

Übrigens, diese Übungen helfen unabhängig vom Alter, jede Person kann davon profitieren. Kinder freuen sich, wenn auch die Erwachsenen aktiv mitmachen.

Für Eltern und Bezugspersonen bieten wir Unterstützung und Materialien auch auf unserer Homepage www.startyourway.de an.

Herzliche Grüße
Andrea Dixius & Eva Möhler

Allgemeiner Hinweis:

In diesem Arbeitsheft sind einzelne, exemplarische Übungen aus dem START-Kids-Manual mit entsprechender Kapitelnummerierung eingefügt. Da nicht alle Übungen eingefügt sind, ist die Nummerierung nicht fortlaufend.

Mein Arbeitsheft:

Name:

START-Kids Modul 1 – Teil 1

Achtsamkeit, Selbstwirksamkeit, Stressregulation

1.1.3 Einführung Stimmungsampel

Infos für Kinder

„Stimmungsampel“

Dein Name:

Datum:

Hier kreuze bitte an, wie du dich fühlst und wenn du magst, kannst du auch den Grund für deine Stimmung in die „Ampel“ reinschreiben.

morgens	mittags	abends	nachts

„Stimmungsampel“

Dein Name:

Datum:

Hier kreuze bitte an, wie du dich fühlst und wenn du magst, kannst du auch den Grund für deine Stimmung in die „Ampel“ reinschreiben.

morgens	mittags	abends	nachts

„Stimmungsampel“

Dein Name:

Datum:

Hier kreuze bitte an, wie du dich fühlst und wenn du magst, kannst du auch den Grund für deine Stimmung in die „Ampel“ reinschreiben.

morgens	mittags	abends	nachts

„Stimmungsampel“

Dein Name:

Datum:

Hier kreuze bitte an, wie du dich fühlst und wenn du magst, kannst du auch den Grund für deine Stimmung in die „Ampel“ reinschreiben.

morgens	mittags	abends	nachts

„Stimmungsampel“

Dein Name:

Datum:

Hier kreuze bitte an, wie du dich fühlst und wenn du magst, kannst du auch den Grund für deine Stimmung in die „Ampel“ reinschreiben.

morgens	mittags	abends	nachts

„Stimmungsampel“

Dein Name:

Datum:

Hier kreuze bitte an, wie du dich fühlst und wenn du magst, kannst du auch den Grund für deine Stimmung in die „Ampel“ reinschreiben.

morgens	mittags	abends	nachts

„Stimmungsampel“

Dein Name:

Datum:

Hier kreuze bitte an, wie du dich fühlst und wenn du magst, kannst du auch den Grund für deine Stimmung in die „Ampel“ reinschreiben.

morgens	mittags	abends	nachts

1.1.4 Einführung der Leitfigur „KIM“

Wer ist eigentlich KIM?

1.1.5 START-Kids Modul 1: kurze Einführung durch KIM

Info-/Übungsblatt

START-Modul 1

Einführung

„Es ist schön, dass du bei START-Kids mitmachst. Wir begrüßen dich herzlich zu der ersten Sitzung. Wir möchten dir kurz erklären, was das Ziel dieser ersten Stunde ist. Zuerst wirst du mit uns zusammen deine eigene KIM-Figur basteln.

Danach erklären wir dir, was Skills sind und wofür du Skills bereits nach der ersten Stunde nutzen kannst. Du bekommst einen ersten „Anti-Stress-Skill" (einen Anti-Stress-Ball oder auch „Kneti" genannt) und auch schon eine Skillsbox, in der du deine Skills immer aufbewahren kannst. Die Skillsbox kannst du schön bemalen oder mit Aufklebern gestalten.

Damit nicht genug, auch eine Schatzkarte wartet auf dich. Aber nun erst mal ein paar Infos zum Thema Stress:

Du kennst bestimmt viele Menschen, die öfters Stress haben. Vielleicht hast du auch Situationen erlebt, in denen du angespannt warst und dich von starken und schwierigen Gefühlen und Gedanken belastet gefühlt hast. Die meisten Menschen empfinden anstrengenden Stress als unangenehm und wünschen sich, dass dieser Stress schnell vorbei ist, damit sie sich wieder wohler fühlen können. Manchmal erkennen zuerst andere Menschen, dass man unter Stress ist. Jede und jeder geht unterschiedlich mit Stress um. Manche Menschen ziehen sich zurück, mache sind sehr aufgeregt und streiten dann vielleicht. Aber es gibt noch viele andere Reaktionen auf Stress. Du kennst bestimmt auch schon Stress? Wie reagierst du darauf?

Um Stresssituationen besser überstehen zu können, möchten wir mit dir heute einige Skills üben. Skills ist ein englisches Wort und bedeutet übersetzt „Fertigkeiten". Unter Skills verstehen wir alles, was dir helfen kann und nicht schädlich ist. Skills sind also hilfreiche Verhaltensweisen, Gedanken, Ideen, die dich unterstützen, Stresssituationen zu meistern."

Infos für Kinder

Du kannst KIM nach deinen eigenen Wünschen gestalten. Du entscheidest, welche Farbe KIM hat. Wie KIM sich in unterschiedlichen Situationen fühlt, kannst du dadurch auswählen, welchen Kopf (Emoji) du KIM aufsetzt. Du kannst KIM auch nutzen, um zu zeigen, wie DU dich gerade fühlst. Setze ihm dazu einfach den Kopf auf, der dein Gefühl am besten ausdrückt. Auch die Körperhaltung von KIM kannst du verändern, so wie es für dich zu deinem Gefühl und zu deiner Situation passt. Bitte bringe KIM zu jeder Gruppenstunde mit. Auch deinen Eltern, Geschwistern, Freundinnen und Freunden, Bertreuerinnen und Betreuern oder anderen Personen kannst du KIM vorstellen. Willst du selbst ein KIM-Gesicht ausmalen, dann nimm dir einfach einen „weißen Kopf" aus dem Ausschneideblatt für Gefühlsköpfe bzw. Emojis. Deine Trainerinnen und Trainer zeigen dir die Arbeitsblätter dazu.

KIM kann ganz unterschiedlich aussehen.

WICHTIG: Hier findest du eine Bastelanleitung zu KIM

1.1.6 Bastelanleitung KIM

Materialien für eine oder einen KIM:

- Insgesamt 5 Pfeifenreiniger, 15 mm Flausch und ca. 30 cm lang
- Je nach Gestaltung sind verschiedene Farben besonders schön (siehe Bilder)
- Für einen Kim (Kopf) muss selbstklebendes Flausch-Klettband (ca. 2 cm breit) von ca. 3–4 cm Länge abgeschnitten werden. In der Anleitung wird als Beispiel mit einem Stück gearbeitet.
- Ein Stück Haken-Klettband (das ist der raue Teil des Kletts), ca. 2 cm breit und 3 cm lang, kann auch von einer Rolle abgeschnitten werden (in Baumärkten oder online erhältlich)
- Eine Schere
- Ein Locher
- Laminierte und ausgeschnittenen Gesichter (Emojis aus Vorlagen von START-Kids) Hinweis: In der Anleitung wird als Beispiel mit einem Gesicht gearbeitet.

1. Als erstes nimmst du drei Pfeifenreiniger und lässt am oberen Ende jedes Pfeifenreinigers jeweils etwa 4 cm frei und verflechtest sie wie einen Zopf unterhalb dieser freien Stücke bis kurz vor dem Ende. Zum Flechten biegst du zuerst den Pfeifenreiniger, der ganz links liegt, in die Mitte. Anschließend biegst du den Pfeifenreiniger, der ganz rechts liegt, in die Mitte. Danach biegst du wieder den jetzt links liegenden Pfeifenreiniger in die Mitte und dann wieder den jetzt rechts liegenden. Fahre fort, bis du ca. 2–3 cm vor dem Ende des „Zopfes“ angekommen bist.
2. Anschließend knickst du den geflochtenen Teil des Zopfes in der Hälfte. Die drei freien Stücke, die nicht verflochten wurden, sollen nach oben abstehen. Nun nimmst du den andersfarbigen Pfeifenreiniger, knickst ihn einmal in der Mitte und knickst auch die beiden Enden als Füße leicht ab. Diesen andersfarbigen Pfeifenreiniger legst du nun in die Knickstelle des Pfeifenreiniger-Zopfes hinein, sodass die beiden Knicke ineinandergreifen und aus dem andersfarbigen Pfeifenreiniger KIMs Beine entstehen können.
3. Jetzt wickelst du den kürzeren Teil des geflochtenen Zopfes um den längeren Teil herum. Danach umschlingt jedes Bein (also die beiden Stücke des andersfarbigen Pfeifenreinigers) in entgegengesetzte Richtung einmal den unteren Teil des Oberkörpers. Dadurch finden die Beine besseren Halt am Oberkörper.
4. Als nächstes nimmst du den übriggebliebenen Pfeifenreiniger und wickelst ihn etwa mittig um den Oberkörper, sodass KIM zwei Arme bekommt.
5. Schließlich nimmst du das Stück Klettband mit der Hakenseite und machst mit dem Locher zwei Löcher in das Klettband. An der Stelle, an der später KIMs Kopf sitzen wird, stehen im Moment noch drei Stücke Pfeifenreiniger ab. Eines dieser drei Stücke kannst du nun durch die beiden Löcher im dem Haken-Klettband fädeln. Die anderen beiden Pfeifenreiniger-Enden verschwinden hinter dem Klettband.
6. Zum Schluss klebst du ein Stück Flausch-Klettband auf die Hinterseite des ausgeschnittenen Gesichts von KIM.
7. Das Flausch-Klettband hinter dem Gesicht ‚verklettest‘ du an dem Haken-Klettband auf dem „Körper“ der KIM-Figur. Auch hinter den übrigen Gesichtern von KIM kannst du ein Stück Flausch-Klettband befestigen. Dadurch kannst du die verschiedenen Gesichter von KIM austauschen und damit zeigen, wie sich KIM in verschiedenen Situationen fühlt. Ein Gesicht kannst du sogar selbst gestalten.

Bastelanleitung für „KIM“

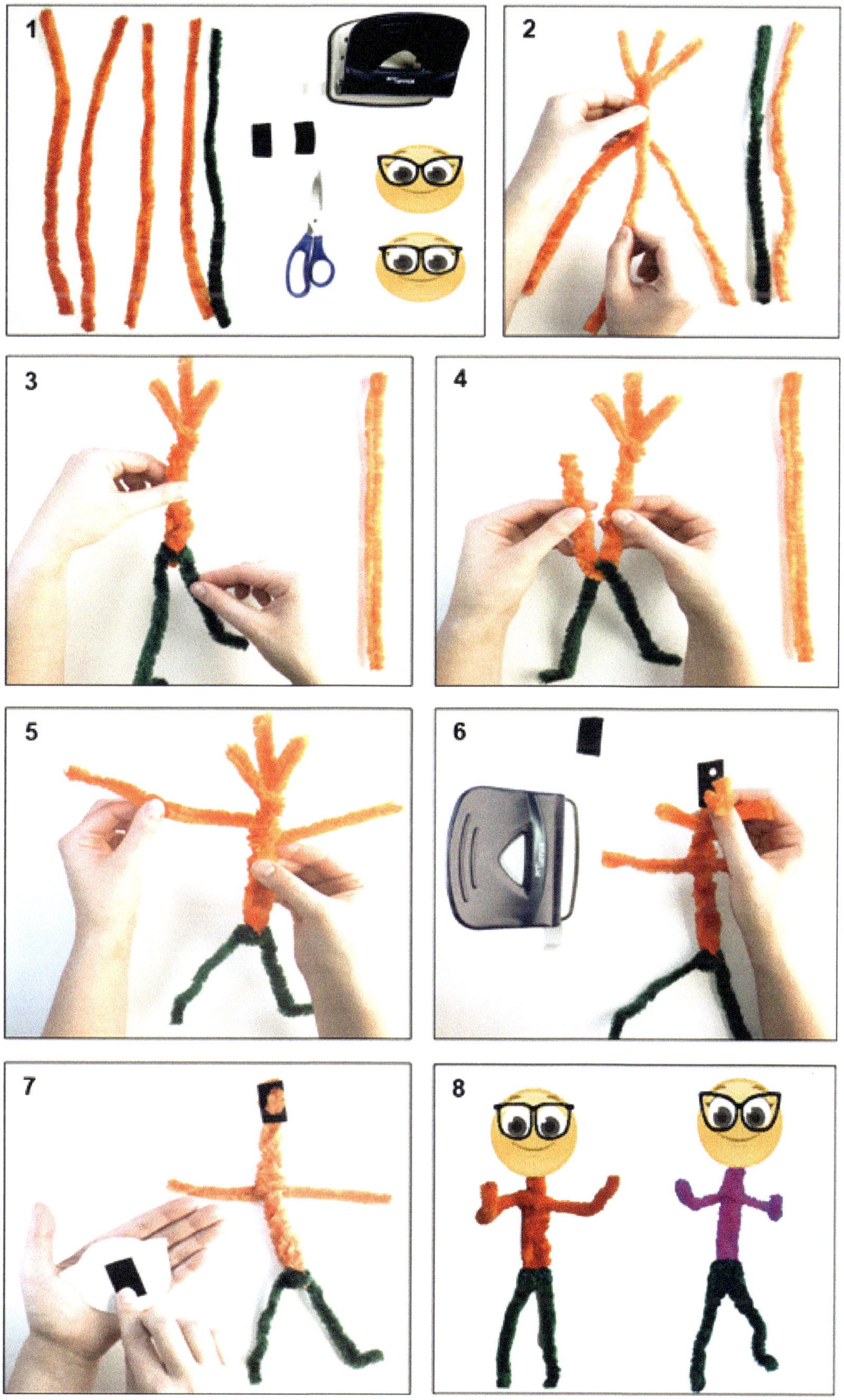

1.1.7 KIM zeigt Gefühle

Hurra, jetzt hast du selbst deine/ deinen KIM gebastelt. Wir möchten dir jetzt schon mal zeigen, dass wir „KIMs" auch manchmal anders aussehen. Schau mal, das kennst du doch bestimmt auch. Durch Gefühle verändern sich der Gesichtsausdruck und die Körperhaltung. Gefühle verändern sich ja immer wieder, je nachdem, was du gerade erlebst oder denkst. Vielleicht erkennst du auch schon die Gefühle, die du auf der nächsten Seite siehst. Da sind wir mit unterschiedlichen Gefühlen zu sehen. ☺

Schatzkarte - I
Dein Name:
1
2
3
4
5
6
7
8
9
10
11
12
13
14
15
16
START-Kids

Schatzkarte -II

Dein Name: ____________

1.1.9 Skillsbox basteln und verzieren

Info-/Übungsblatt

Deine persönliche Skillsbox

Damit du deine persönlichen, hilfreichen Skills auch immer zur Verfügung hast, geben wir dir heute schon deine Skillsbox. Dies kann ein Karton, ein Kästchen, auch eine kleine Tasche oder eine andere Aufbewahrung sein. Du kannst deine Box auch bemalen oder nach deinem Geschmack gestalten.

Wichtig ist, dass du ein paar Skills, die dir helfen, in der Box aufbewahrst. Wahrscheinlich wirst du diese Skills mit der Zeit auch mal austauschen.

Viel Spaß beim Gestalten deiner Skillsbox!!!

Für unterwegs benötigst du wahrscheinlich ein paar andere Skills, dies kannst du mit deiner Trainerin oder deinem Trainer besprechen oder auch selbst herausfinden.

Viel Spaß beim Gestalten!!!

START & START-Kids

Skillsbox

START-Kids Modul 1 – Teil 2

Achtsamkeit, Stressregulation

1.2.3 Einführung ins Modul

Infos für Kinder

1.2.9 Achtsamkeitsübung (Atemübung 5–1 zählen)

Info-/Übungsblatt

Atemübung „5–1 zählen“

Selbstberuhigung, Achtsamkeit

„Setze dich bequem hin, deine Füße stehen auf dem Boden, die Arme liegen locker auf den Lehnen des Stuhls oder auf deinen Beinen. Dein Rücken ist gerade aufgerichtet, der Kopf ist locker zwischen den Schultern.

Wenn störende Gedanken auftauchen, lass sie einfach weiterziehen wie Wolken am Himmel.

Suche dir einen Punkt im Raum, auf den du deinen Blick richtest. Du kannst deine Augen aber auch schließen (und jederzeit wieder öffnen!!) oder auf „unscharf“ stellen.

Jetzt achte auf deinen Atem, atme tief ein und langsam aus. Dann zähle leise beim Einatmen – 5 –, beim Ausatmen – 5 –, dann beim Einatmen – 4 –, beim Ausatmen – 4 –, dann immer weiter, beim Einatmen – 3 –, Ausatmen – 3 –, leise beim Einatmen – 2 –, beim Ausatmen – 2 –, dann beim Einatmen – 1 –, bis du beim Ausatmen bei – 1 – angekommen bist.

Danach komme wieder mit deiner Aufmerksamkeit in den Raum zurück. Konzentriere dich auf den Moment. Du kannst deinen Körper bewegen, strecken, so wie es wohlfühlend für dich ist.

Wenn du diese Übung häufiger machst, dann hilft sie dir, dich zu entspannen.“

START-Kids Modul 2 – Teil 1

Achtsamkeit, Stressregulation

2.1.3 Einführung ins Modul

Infos für Kinder

2.1.4 Aktive Achtsamkeitsübung („Veränderungen wahrnehmen“)

Infos für Kinder

Info-/Übungsblatt

Veränderungen wahrnehmen

Achtsamkeit, Interaktion

In der Achtsamkeitsübung geht es darum, Veränderungen wahrzunehmen. Dies ist eine Gruppenübung.

Stelle dich bitte mit den anderen Teilnehmerinnen und Teilnehmern in einen Kreis. Zu zweit funktioniert diese Übung auch, dann stehen sich zwei Personen gegenüber.

Für die Gruppenübung werden eine oder zwei Personen gleich den Raum verlassen. Vorher ist es wichtig, sich jeden einzelnen der Gruppe und auch die gesamte Gruppe genau anzuschauen. Dabei ist es wichtig, sich möglichst viel zu merken und wahrzunehmen, wie alle aussehen und wo jede oder jeder in der Gruppe steht.

Die Gruppe legt zusammen gemeinsam fest, wie viele Veränderungen vorgenommen werden können. Die beiden Personen, welche die Veränderungen später herausfinden sollen, verlassen zunächst den Raum. Die übrigen Gruppenmitspieler verändern ein paar Merkmale, das können veränderte Kleidungsstücke sein, vertauschte Positionen in der Gruppe etc. Der Schwierigkeitsgrad sollte angemessen sein, das Spiel soll auch richtig Spaß machen.

Dauert das Spiel länger, dann dürfen natürlich auch Hilfestellungen gegeben werden, um die Suche nach den Veränderungen etwas leichter zu machen.

Einfach ausprobieren!!

2.1.6 Information: Kältereize

Infos für Kinder

Info-/Übungsblatt

Kältereize

Stressregulation

In dieser Übung möchten wir mit dir die zugleich beruhigende und auch ablenkende Wirkung von „Kältereizen“ ausprobieren. Aus der Erfahrung wissen wir, dass dies bei den meisten Menschen hilft, weil es ein biologischer Ablauf im Körper ist. Kältereize, z. B. durch Eiswürfel oder kaltes Wasser, hilft dabei, Stress im Körper zu regulieren. Das ist eine tolle Sache und kann dir helfen, dich auch recht schnell körperlich zu beruhigen. Du weißt ja noch, wie Stress im Körper wirkt – sonst frag einfach noch mal nach, Fragen stellen ist immer total prima! Durch Kältereize werden Puls und Herzschlag bei Stress „runtergefahren“ und dadurch kannst du dich schneller entspannen und ruhiger fühlen. Hilfreich ist dazu: Eiswürfel oder Coolpacks auf die Stirn oder in den Nacken legen, kaltes Wasser ins Gesicht machen, kalt duschen, einen Eiswürfel in den Mund nehmen. Auch zusätzlich kaltes Wasser über die Handgelenke und Unterarme laufen lassen unterstützt dich beim Regulieren deiner Anspannung und bei deiner Körperberuhigung.

Heute werden wir gemeinsam ein paar Skills dazu mit dir üben.

Jetzt einfach mal ausprobieren!!

2.1.7 Skillsübung: Kältereize

Info-/Übungsblatt

Kältereize – Skillsübung

Stressregulation

kalte Dusche

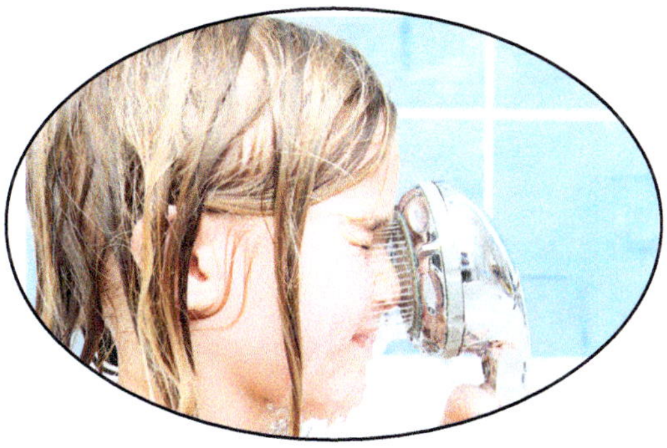

Wasser ins Gesicht

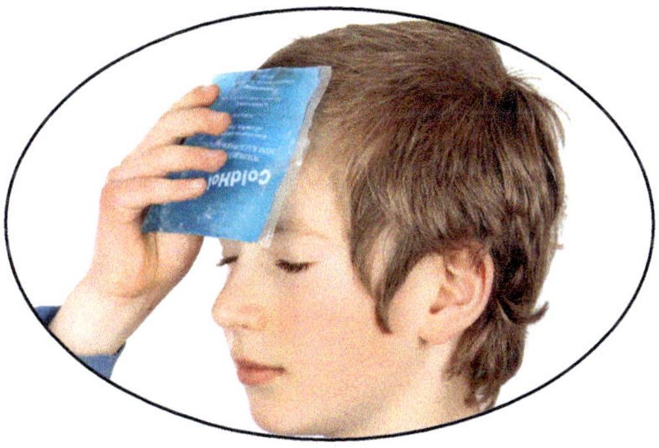

Coolpack

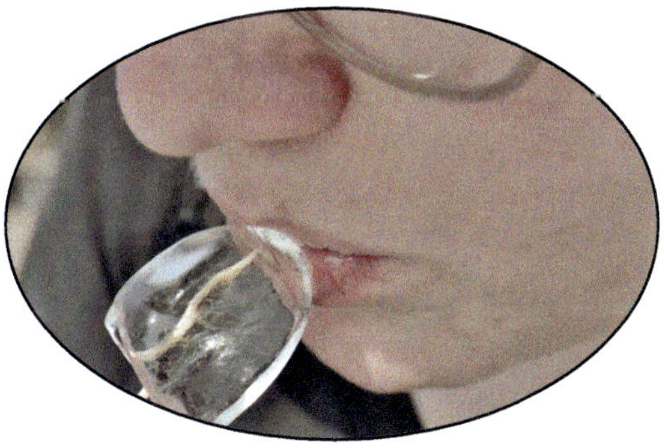

Eiswürfel

START-Kids Modul 2 – Teil 2

Achtsamkeit, Stressregulation

2.2.3 Einführung ins Modul

Infos für Kinder

Hast du gewusst, dass Sport super gut gegen Stress wirkt und angenehme Gefühle stärken kann? Deshalb sind die Übungen heute ganz auf Bewegung ausgerichtet. Wir beginnen mit „Bewegungs-memory“, danach machen wir ein paar sportliche Übungen. Zunächst die Übung „Hampelfrau“ bzw. „Hampelmann“, danach vielleicht auch noch „Seilspringen mit oder ohne Seil“. Viel Spaß!!! ☺

2.2.6 Übung: Bewegung und Sport gegen Stress

Info-/Übungsblatt

Bewegung und Sport gegen Stress

Stresstoleranz

Gefühle und innere Anspannung wirken sich auch auf den Körper aus. Der Körper kommt unter Stress. Zum Beispiel bringen Wut, Ärger und Angst den Körper oft in Anspannung, was manchmal auch zu problematischem Verhalten führt. Um deine Gefühle zu regulieren, helfen Bewegung und Sport. 20 Minuten oder länger können schon sehr gut helfen. Das kann positive Gefühle fördern und somit auch unangenehme Gefühle weniger stark werden lassen.

Beispiele: Laufen, Tanzen, Seilspringen, Basketballspielen, Sit-ups, auf den Boxsack boxen, Treppen laufen, schnelles Gehen, Liegestütze und viele weitere Möglichkeiten.

Wichtig ist, dass du diese Übungen mit viel Einsatz und möglichst intensiv machst.

Viel Spaß dabei!

Infos für Kinder

Info-/Übungsblatt

Bewegung und Sport gegen Stress

START-Kids Modul 3 – Teil 1

Achtsamkeit, Stressregulation

3.1.3 Einführung ins Modul

Infos für Kinder

3.1.4 Achtsamkeitsübung („Trommeln ohne Trommel“)

Info-/Übungsblatt

Trommeln ohne Trommel

Achtsamkeit, Selbstwirksamkeit

„Trommeln ohne Trommel“ ist eine schöne Achtsamkeitsübung, die deine Aufmerksamkeit auf deinen Hörsinn und auf deine Handbewegungen richtet und wie viele anderen Übungen gemeinsam in der Gruppe umgesetzt wird. Natürlich kannst du auch diese Übung ein bisschen abwandeln und auch durchführen, wenn du allein bist.

Die Übung ist ganz einfach und benötigt keine Trommel, sondern kann auf einem Tisch, auf den Oberschenkeln, auf dem Boden stampfend oder auf anderen Untergründen durchgeführt werden.

Am Anfang wird zunächst ein Klopfrhythmus von jemandem aus der Gruppe vorgegeben. Zum Beispiel kannst du mit leichtem Klopfen durch die Fingerspitzen auf einem Tisch beginnen, zunächst abwechselnd mit der rechten Hand und linken Hand klopfend. Im weiteren Verlauf kannst du die Intensität (Stärke) z. B. durch Klopfen mit der ganzen Hand verändert werden oder auch durch gleichzeitiges Klopfen mit beiden Händen. In der Gruppe kann nun versucht werden, einen gemeinsamen Rhythmus zu finden, bis jemand anderes versucht, einen neuen Rhythmus vorzugeben oder die Lautstärke zu verändern, und die Gruppe versucht sich darauf einzulassen. Andere Unterlagen fürs Trommeln können miteinbezogen werden, klopfen auf den Oberschenkeln oder mit den Füßen auf dem Boden stampfend. Vielleicht fallen dir aber noch ganz andere und neue Ideen ein.

Viel Spaß dabei!

3.1.7 Progressive Muskelrelaxation (PMR)

Infos für Kinder

Info-/Übungsblatt

Progressive Muskelrelaxation (PMR)

Stressregulation, Selbstberuhigung, Achtsamkeit

Durch Entspannungsverfahren und Selbstberuhigungstechniken kannst du deine körperlichen Reaktionen beeinflussen, dich beruhigen, deine Körpervorgänge aktiv beeinflussen und dich auch mit deinen Gefühlen ins Gleichgewicht bringen.

Diese Übungen vermindern deine Anspannung und deinen Stress. Du kannst dich dadurch ausgeglichener und besser fühlen.

Abbau von Stress bedeutet auch, dass du dich körperlich wohler fühlen kannst und vielleicht auch besser schlafen kannst. Auch extreme Gefühle wie Angst und Furcht lassen sich während der Übung abschwächen.

Je öfter du PMR oder Entspannungsübungen machst, desto besser helfen sie und du wirst mehr positive, angenehme Gefühle und entspannte Situationen erleben können. Außerdem verhilft dir regelmäßiges Anwenden von Entspannungsübungen zu einer verbesserten Körperwahrnehmung. So können auch Schmerzen und körperliche Beschwerden beeinflusst werden.

Einfach ausprobieren! ☺

Hinweis:

Teil 1 bis 3 der Progressiven Muskelentspannung machen wir heute; in der nächsten Stunde machen wir dann alle sechs PMR-Übungen.

Info-/Übungsblatt – Teil 1

Progressive Muskelrelaxation (PMR)

Entspannung und Selbstberuhigung

alle Muskeln sind entspannt	alle Gesichtsmuskeln anspannen	alle Muskeln wieder entspannen
bequem hinsetzen, dabei tief einatmen und langsam ausatmen	zähle 6-5-4-3-2-1-0	spüre den Unterschied zwischen Anspannung u. Entspannung

Setze oder lege dich bitte bequem hin. Atme nun tief ein und ganz langsam wieder aus. Wiederhole dies 4-mal. Prima!!!

Nun stelle dir vor, du hast in eine ganz saure Zitrone gebissen und der saure Saft ist im Mund, atme tief ein und spanne alle Muskeln in deinem Gesicht (wie im mittleren Bild) für ein paar Sekunden an. Halte die Anspannung und zähle einfach in deinen Gedanken „6-5-4-3-2-1-0", danach ausatmen und alle Muskeln wieder entspannen. Spüre mal, wie sich nun dein Gesicht anfühlt. Du spürst bestimmt einen Unterschied zwischen Anspannung und Entspannung. Toll gemacht! Damit die Übung gut wirken kann, wiederhole die Übung. Denke wieder an die ganz saure Zitrone und spanne alle Muskeln in deinem Gesicht an (wie im mittleren Bild). Halte die Anspannung, bis du in deinen Gedanken „6-5-4-3-2-1-0" gezählt hast, danach entspanne wieder alle Muskeln.

Und nun noch ein letztes Mal die ganze Übung machen. Alle Muskeln im Gesicht anspannen, wieder „6-5-4-3-2-1-0" zählen und dann alle Muskeln entspannen.

Hervorragend!

Info-/Übungsblatt – Teil 2

Progressive Muskelrelaxation (PMR)

Entspannung und Selbstberuhigung

Setze oder lege dich bitte bequem hin.

Atme tief ein und ganz langsam wieder aus. Jetzt konzentrieren wir uns auf die Schultern. Die Übung läuft wieder ähnlich ab, nur dass jetzt die Schultern angespannt und dann wieder entspannt werden wie im Bild 2 und 3. Setze dich bequem hin (oder lege dich hin), wenn du magst, schließe deine Augen und atme tief ein und langsam wieder aus.

Jetzt konzentriere dich auf deine Schultern und ziehe sie hoch. Stelle dir vor, zwei „Seile“ würden die Schultern hochziehen. Spanne die Muskeln an und zähle wieder „6-5-4-3-2-1-0“, danach entspanne die Muskeln wieder und lasse die Schultern wieder herunterhängen. Merkst du den Unterschied zwischen Anspannung und Entspannung?

Auch diese Übung wiederholen wir jetzt 2-mal. Die Augen geschlossen halten, wenn dies geht, konzentriere dich auf deine Schultern und ziehe sie hoch, halte die Anspannung und zähle wieder „6-5-4-3-2-1-0“, und anschließend wieder entspannen.

Und noch ein drittes Mal, tief Einatmen und langsam ausatmen, Schultern hochziehen und jetzt wieder in Gedanken von 6 bis 0 zählen, dann lasse die Schultern wieder ganz entspannt herunterhängen. Spürst du, wie angenehm sich die Entspannung anfühlt?

Super gemacht!

Info-/Übungsblatt – Teil 3

Progressive Muskelrelaxation (PMR)

Entspannung und Selbstberuhigung

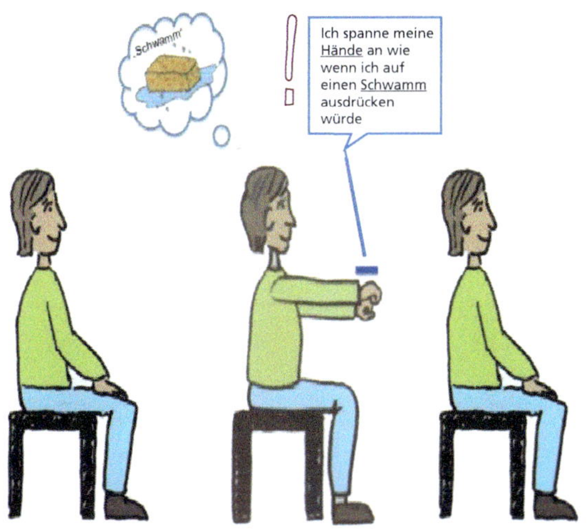

alle Muskeln entspannen	Hände anspannen	alle Muskeln entspannen
bequem hinsetzen, dabei tief einatmen und langsam ausatmen	zähle 6-5-4-3-2-1-0	spüre wie sich jetzt die Muskeln anfühlen

Langsam bist du schon ein richtiger PMR-Profi.

Atme nun tief ein und ganz langsam wieder aus. Die Übung ist genauso wie die anderen, nur dass wir uns auf deine Arme und Hände konzentrieren. Bitte strecke jetzt deine Arme gerade aus und forme eine Faust, stelle dir dabei vor, dass du einen „Schwamm" – wie im mittleren Bild – ganz fest ausdrücken willst. Halte die Spannung und zähle wieder in deinen Gedanken „6-5-4-3-2-1-0", und dann die Arme fallen lassen und den „vorgestellten Schwamm" auch aus deiner Faust fallen lassen. Hui, das hast du super gemacht! Spürst du, wie gut sich die Entspannung anfühlt? Du weißt jetzt schon, wie es weiter geht, wir wiederholen diese Übung noch 2-mal.

Atme tief ein und langsam wieder aus. Jetzt strecke wieder deine Arme gerade aus und forme die Faust, stelle dir den Schwamm vor und spanne Arme und Handmuskeln an. Zähle wieder in deinen Gedanken „6-5-4-3-2-1-0", und entspanne dann wieder die Muskeln und lasse die Arme fallen.

Jetzt ein letztes Mal. Tief Einatmen und langsam Ausatmen, Arme und Hände anspannen, zählen: „6-5-4-3-2-1-0", danach Arme fallen lassen, die Hände entspannen.

Du bist suuuper!

Info-/Übungsblatt – Teil 4

Progressive Muskelrelaxation (PMR)

Entspannung und Selbstberuhigung

alle Muskeln entspannen	Beine anspannen	alle Muskeln entspannen
bequem hinsetzen, dabei tief einatmen und langsam ausatmen	zähle 6-5-4-3-2-1-0	spüre wie sich jetzt die Muskeln anfühlen

Klasse, wie du die Übungen schon machst!

Setze oder lege dich bitte bequem hin. Atme nun tief ein und ganz langsam wieder aus. Prima. Bitte strecke jetzt deine Beine gerade aus, stelle dir dabei vor, dass ein „Ball" – wie im mittleren Bild – gerade über deine Beine rollt.

Halte die Spannung und zähle wieder in deinen Gedanken „6-5-4-3-2-1-0", und dann die Beine nach unten fallen lassen und entspannen. Das hast du super gemacht! Spürst du, wie gut sich die Entspannung anfühlt?

Wie immer kommen jetzt die zwei Wiederholungen. Atme tief ein und langsam wieder aus. Dann strecke jetzt wieder deine Beine gerade aus. Zähle wieder in deinen Gedanken „6-5-4-3-2-1-0", und dann die Muskeln wieder entspannen und die Beine fallen lassen.

Jetzt ein letztes Mal. Tief einatmen und langsam ausatmen, Arme und Hände anspannen, zählen: „6-5-4-3-2-1-0", danach Beine fallen lassen und entspannen. Spüre, wie sich die Entspannung anfühlt.

Du bist suuuper!

Info-/Übungsblatt – Teil 5

Progressive Muskelrelaxation (PMR)

Entspannung und Selbstberuhigung

alle Muskeln entspannen	Bauchmuskeln anspannen	alle Muskeln entspannen
bequem hinsetzen, dabei tief einatmen und langsam ausatmen, 4 mal wiederholen	zähle 6-5-4-3-2-1-0 dann die Muskeln wieder entspannen	spüre wie sich jetzt die Muskeln anfühlen

Wunderbar, wie du das machst!

Du bist du schon ein richtiger PMR-Profi. Setze oder lege dich bitte bequem hin.

Atme nun tief ein und ganz langsam wieder aus. Wiederhole dies 4-mal. Prima!!!

Nun stelle dir vor, du hast einen kleinen „Elefanten“, der sich auf deinem Bauch sitzend ausruht (wie im mittleren Bild), bitte spanne deine Bauchmuskeln so fest an, dass unser kleiner Elefant darauf sitzen könnte – wie im mittleren Bild. Halte die Spannung und zähle wieder in deinen Gedanken „6-5-4-3-2-1-0“, und dann die Muskeln entspannen. Toll, das hast du prima gemacht! Spürst du, wie gut sich die Entspannung anfühlt?

Du weißt jetzt schon, wie es weiter geht, wir wiederholen diese Übung noch 2-mal.

Atme tief ein und langsam wieder aus. Dann spanne die Bauchmuskeln wieder an, denke an den kleinen Elefanten und zähle wieder in deinen Gedanken „6-5-4-3-2-1-0“, und dann die Muskeln wieder entspannen. Jetzt ein letztes Mal. Tief einatmen und langsam ausatmen, Bauchmuskeln anspannen, zählen: „6-5-4-3-2-1-0“, danach die Muskeln wieder entspannen.

Fantastisch!

Info-/Übungsblatt – Teil 6

Progressive Muskelrelaxation (PMR)

Entspannung und Selbstberuhigung

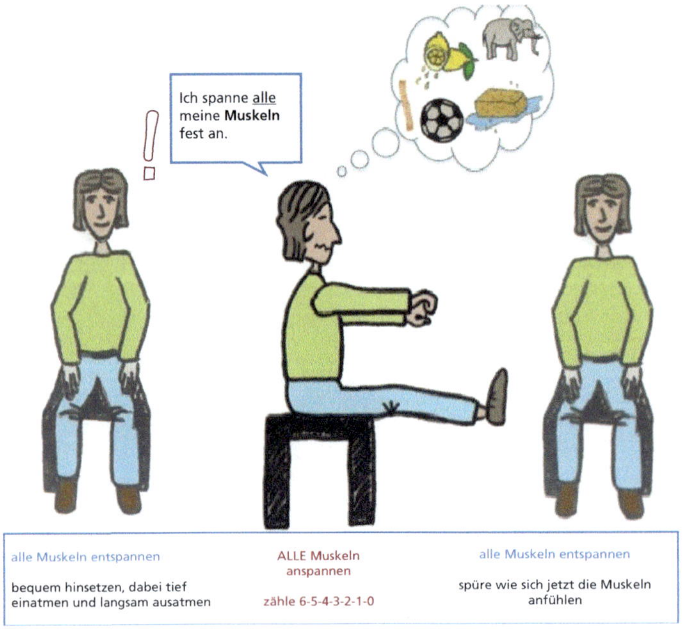

Wunderbar, wie du das machst! Du bist du schon ein richtiger PMR-Profi.

Atme nun tief ein und ganz langsam wieder aus. Bitte spanne ALLE Muskeln aus den ganzen Übungen vorher fest an, denke an die Zitrone, das Seil, den Schwamm, den Elefanten und den Ball – ALLE Muskeln spanne jetzt gleichzeitig an – wie im mittleren Bild. Halte die Spannung und zähle wieder in deinen Gedanken „6-5-4-3-2-1-0", und dann ALLE Muskeln entspannen. Toll, das hast du prima gemacht. Spürst du, wie gut sich die Entspannung anfühlt?

Du weißt jetzt schon, wie es weiter geht, wir wiederholen diese Übung noch 2-mal.

Atme tief ein und langsam wieder aus. Dann spanne ALLE Muskeln wieder an, denke und zähle wieder in deinen Gedanken „6-5-4-3-2-1-0", und dann die Muskeln wieder entspannen. Jetzt ein letztes Mal. Tief einatmen und langsam ausatmen, alle Muskeln anspannen, zählen:

„6-5-4-3-2-1-0", danach alle Muskeln wieder entspannen.

Fantastisch, du hast jetzt alle Übungen geschafft, du bist echt klasse!

3.1.8 Achtsamkeitsübung: „Stress abschütteln“

Info-/Übungsblatt

Stress abschütteln

Achtsamkeit, Selbstwirksamkeit, Stressregulation

Das ist eine super einfache und trotzdem sehr wirkungsvolle Übung. Du kannst die Übung einfach im Stehen machen und überall.

Schüttle nun für einige Sekunden deinen linken Arm, danach deinen rechten Arm, dann beide Arme. Nun kommen die Beine dran, erst das rechte Bein, dann das linke Bein. Und nun den ganzen Körper, von Kopf bis Fuß durchschütteln.

Die Übung kann dir helfen, dich von Stress und schwierigen Gedanken abzulenken und auch einfach, um zu entspannen und dich danach wach und aufnahmefähig zu fühlen.

Viel Spaß!!! ☺

START-Kids Modul 3 – Teil 2

Achtsamkeit, Stressregulation

3.2.3 Einführung ins Modul

Infos für Kinder

Heute zeigen wir dir wieder tolle neue Übungen. Wir beginnen mit einer Übung, die heißt „room search" (also Sachen im Raum oder in der Umgebung finden). Wir erklären die Übung gleich ausführlich. Danach machen wir wieder die PMR-Übung, die kennst du schon von der letzten Stunde. ABER: Heute machen wir die gesamte PMR-Übung – also insgesamt 6 Einzelübungen. Danach bist du dann ein richtiger PMR-Profi. Zuletzt machen wir etwas Einfaches und Schönes: Die Übung heißt „Leichtes Lächeln". Ein „Lächeln" kann den Moment, eine Situation und den Kontakt zu sich und zu anderen angenehm und schön machen. Einfach ausprobieren!!!

3.2.4 Achtsamkeitsübung („room search“)

Info-/Übungsblatt

„room search“

Achtsamkeit

Das ist eine super einfache und trotzdem sehr wirkungsvolle Übung. Du kannst die Übung einfach im Stehen machen und überall.

In dieser Übung geht es um die achtsame Wahrnehmung deiner Umgebung. Sie ist ganz einfach, kann aber ganz gut helfen, wenn du dich mal von Gedanken oder unangenehmen Gefühlen ablenken oder einfach auch nur deine Konzentration auf den Moment ausrichten möchtest.

Du beginnst die Übung, indem du versuchst, in deiner Umgebung möglichst viele Gegenstände wahrzunehmen. Dann suche alle Gegenstände im Raum mit einer bestimmten Farbe, z. B. alle „blauen Gegenstände“, dann alles, was grün ist oder Gegenstände aus bestimmten Materialien wie z.B. alles, was aus Holz ist und so weiter.

PMR gesamt:

Jetzt bitten wir dich, alle sechs PMR-Übungen (siehe Modul 3.1.7) zu machen.

3.2.8 Emotionsregulation „Leichtes Lächeln“

Info-/Übungsblatt

Emotionsregulation „Leichtes Lächeln“

Selbstberuhigung, Emotionsregulation

Lächeln beim Aufwachen

Hänge dir ein angenehmes Bild, ein Zeichen oder auch das Wort „Lächeln“ an die Decke oder an die Wand deines Zimmers, damit du es gleich beim Aufwachen sehen kannst.

Das Bild oder Zeichen ist eine Erinnerungshilfe dafür, beim Aufstehen an ein „leichtes Lächeln“ zu denken, nutze den Moment der Ruhe.

Atme ein paarmal entspannt ein und aus und probiere dabei ein „leichtes Lächeln“ aus.

Lächeln zur Beruhigung und Emotionsregulation

Leichtes Lächeln kann beruhigend sein. Diese Übung kannst du überall ausprobieren.

Schau dir die Landschaft an, ein schönes Bild oder etwas, was dich beruhigt und angenehm für dich ist.

Versuche leicht zu lächeln, einfach so, und atme ein paarmal entspannt ein und aus.

START-Kids Modul 4 – Teil 1

Achtsamkeit, Stressregulation

4.1.3 Einführung ins Modul

Infos für Kinder

4.1.6 Skills for Kids-Skillsliste

Wichtig: „Skills = alles, was hilft – aber nicht schädlich ist!“	
• Vitamin-Brausetabletten	• Achtsamkeitsübungen
• Ahoi-Kinderbrause	• Atemübungen
• Saure Kaugummis	• PMR
• Knackfrosch	• „Die Sendung mit der Maus-Technik" – Handlungen, Gegenstände beschreiben – nicht bewerten
• Bonbons (süß, sauer, scharf, bitter)	• Knoten schlagen
• Kieselstein (z. B. in die Schuhe legen)	• Gedankenurlaub machen
• Parfumpröbchen, Duftöl, Duschgel…	• Auf einem Bein stehen („Flamingo-Übung")
• Kleines Stofftier	• Hüpfen
• japanisches Heilöl	• Seilspringen
• Handgelenk-Gummis	• Ein Puzzle machen
• Kaugummis	• Bälle rückwärts über den Kopf werfen
• kleines Geschicklichkeitsspiel	• Himmel und Hölle basteln
• Vogelfeder über die Hand streifen	• Eine Figur mit Knetgummi kneten
• Murmel, Edelstein spielen	• Tanzen
• Handschmeichel	• Spazierengehen
• Erinnerungsfoto	• Magische Pfeiler als Gruppe überqueren
• Adresse und Telefonnummer (Sicherheitskärtchen im Buch-Anhang)	• Musik hören
• Telefonieren	• Roboterspiel
• Igelball in der Hand halten, über den Arm rollen, die Punkte davon auf der Haut zählen	• Menschliche Kamera
• Duschen	• Notfallkoffer
• Eiswürfel mit Geschmack machen und genießen	• blinzeln spielen
• Knetis, Antistressball	• Stille Post

Wichtig: „Skills = alles, was hilft – aber nicht schädlich ist!“	
• etwas Feines intensiv schmecken • etwas Schönes hören (Lieblingslied, ablenken, auspowern, tanzen auf Musik) • Sport und Bewegung • Bälle werfen • Jonglieren • Hirn-Flic-Flac (ABC rückwärts, alle Tiere mit A, B, C…,) • Room search • Geräusche wahrnehmen • Veränderungen wahrnehmen • „Wolkenskill” ausprobieren • Kältereize (Eiswürfel mit und ohne Geschmack) • Lesen • Malen • mit Freunden verabreden • jemandem bei etwas helfen • basteln • einen Film schauen • entgegengesetzt handeln (statt die Decke über den Kopf ziehen, aufstehen und etwas unternehmen)	• Gordischer Knoten • Ebbe und Flut • Saure Zitronenspalten • Sport • Kaltes Wasser ins Gesicht • Baden • Mandalas • Geschicklichkeitsspiele • Zauberwürfel Platz für eigene Skillsidee: • ……………………………………… • ……………………………………… • ……………………………………… • ……………………………………… • ……………………………………… • ……………………………………… • ……………………………………… • ……………………………………… • ………………………………………

4.1.7 Achtsam mit sich selbst umgehen

Ernährung	Esse und trinke ausreichend am Tag.
Schlafen	Versuche ausreichend zu schlafen und wende Skills an, wenn du Probleme beim Einschlafen oder beim Durchschlafen hast. Auch bei Albträumen hole dir Unterstützung.
Körperliche Krankheiten	Lass dich behandeln, wenn du krank bist oder Schmerzen hast. Auch, wenn notwendig, vom Arzt verordnete Medikamente einnehmen.
GAMING	Vermeide zu viel Zeit am PC, an der Spielkonsole oder am Handy. Andere Hobbys sind auch wichtig, Freunde treffen hebt z. B. die Stimmung.
Bewegung	Achte auf genügend Bewegung und sportliche Aktivität jeden Tag.
Alltagstätigkeiten	Versuche dir jeden Tag etwas vorzunehmen, z. B. morgens rechtzeitig aufstehen, Sport machen, lernen, mit Anderen etwas unternehmen etc.
Anmerkung: Es ist sehr wichtig, für deine Gesundheit zu sorgen und achtsam mit deinem Körper umzugehen. Bewegung und Sport sind dabei sehr unterstützend. Um ausgeglichener zu sein, hilft es auch gut, den Alltag zu gestalten.	

4.1.8 Achtsamkeitsübung („5-4-3-2-1-Methode“)

Info-/Übungsblatt

Übung: 5-4-3-2-1

Achtsamkeit, Stressregulation, Selbstwirksamkeit

Heute zeigen wir dir die „5-4-3-2-1-Methode“. Diese Übung kann dir in besonderen Situationen helfen, wie zum Beispiel:

- Mit dieser Übung kannst du dich auf den Moment konzentrieren, wenn schwierige Erinnerungen zu starken Gefühlen und Stress führen.
- Die Übung hilft dir, dich zu entspannen und zu beruhigen.

Die Übung ist ganz einfach. Bitte suche dir einen Platz im Raum. Sage zunächst 5-mal, was du sieht, 5-mal, was du hörst, 5-mal, was du spürst, und arbeite dich auf 1-mal runter (siehe unten)

Ein Beispiel „5-mal sehen“: Ich sehe den Boden, ich sehe eine Tür, ich sehe meine Hände, ich sehe die Wand, ich sehe die Lampe.

Ein Beispiel „5-mal hören“: Ich höre meinen Atem, ich höre Stimmen, ich höre Vogelgezwitscher, ich höre eine Tür zufallen, ich höre leise Musik.

Ein Beispiel „5-mal spüren“: Ich spüre meine Beine, ich spüre, wie ich sitze, ich spüre meinen Atem, ich spüre meinen Rücken, ich spüre meine Finger kribbeln usw.

Dies kannst du gerne laut aussprechen. Heute verteilen wir uns etwas im Raum. Falls du mit der Reihenfolge durcheinanderkommst, das ist absolut ok, dann konzentriere dich wieder auf die Übung und mache einfach weiter. Wiederholungen des Wahrgenommenen dürfen sein – zum Beispiel: „Ich sehe den blauen Himmel, ich sehe den blauen Himmel, ich sehe einen Holzstuhl, ich sehe Personen, ich sehe den blauen Himmel usw.“

5-mal: ich sehe ... 5-mal: ich höre ... 5-mal: ich spüre ...

4-mal: ich sehe ... 4-mal: ich höre ... 4-mal: ich spüre ...

3-mal: ich sehe ... 3-mal: ich höre ... 3-mal: ich spüre ...

2-mal: ich sehe ... 2-mal: ich höre ... 2-mal: ich spüre ...

1-mal: Ich sehe ... 1-mal: ich höre ... 1-mal: ich spüre ...

Das ist ein toller Skill, der dir hilft, wenn du dich von Stress und schwierigen Gedanken ablenken möchtest. Einfach mal ausprobieren!

☺

START-Kids Modul 4 – Teil 2

Achtsamkeit, Stressregulation

4.2.3 Einführung ins Modul

Infos für Kinder

Diese Achtsamkeitsübung hat wieder etwas mit Bewegung zu tun: „Bewegen auf Musik“, lass dich überraschen. Wir sind gespannt, ob dir der Skill Spaß macht. Danach schauen wir uns die „Anti-Stress-Waage“ an. Klingt kompliziert, ist aber einfach, weil du jetzt schon ziemlich viele Skills kennst. Zum Schluss gibt es die Übung „Lieblingsskill beschreiben“.

Einfach ausprobieren!!! ☺

4.2.4 Bewegen auf Musik

Info-/Übungsblatt

Bewegen auf Musik

Achtsamkeit, Selbstwirksamkeit, Aktivierung

Bewegen auf Musik ist eine kleine Achtsamkeitsübung, die deine Bewegung, Wahrnehmung und deine Konzentration fördert.

Du hörst gleich verschiedene Musikstücke, Songs und Lieder, die unterschiedlich schnell oder langsam sind. Bewege dich mit einem für dich zur Musik passenden Tempo. Wenn die Musik stoppt, bleibe für einen ganz kurzen Moment in deiner momentanen, jeweiligen Körperhaltung und passe dein Tempo wieder auf die nächste Musikphase an.

Viel Spaß!!! 

4.2.6 Skills – Stresstoleranz, Selbstberuhigung

Info-/Übungsblatt

Mit den Sinnen beruhigen

Stressregulation, Achtsamkeit

	**Hören**	Lieblingsmusik, selbst musizieren, singen, Naturgeräusche, Rhythmus klopfen
	**Fühlen**	angenehme Körperhaltung, weiches Kissen, Dusche, Wärmekissen, Anti-Stress-Ball
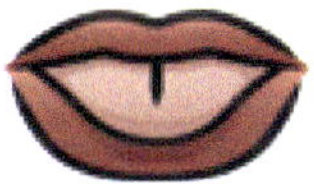	**Schmecken**	Lieblingsspeise, Obst, Tee, Bonbons, Erfrischungsgetränk, Pfefferminze, Saft
	**Sehen**	Fotos anschauen, die Natur ansehen, Lieblingsfilm anschauen
	**Riechen**	angenehmen Duft riechen, z. B. Duschgel, Duftöl, Pfefferminze, Blumen

Beispiel A für eine Skillskette

Bei Hochstress: Skillskette (3–4 Skills)
(1) Coolpack (2) Zitrone (3) Sport (4) Musik hören

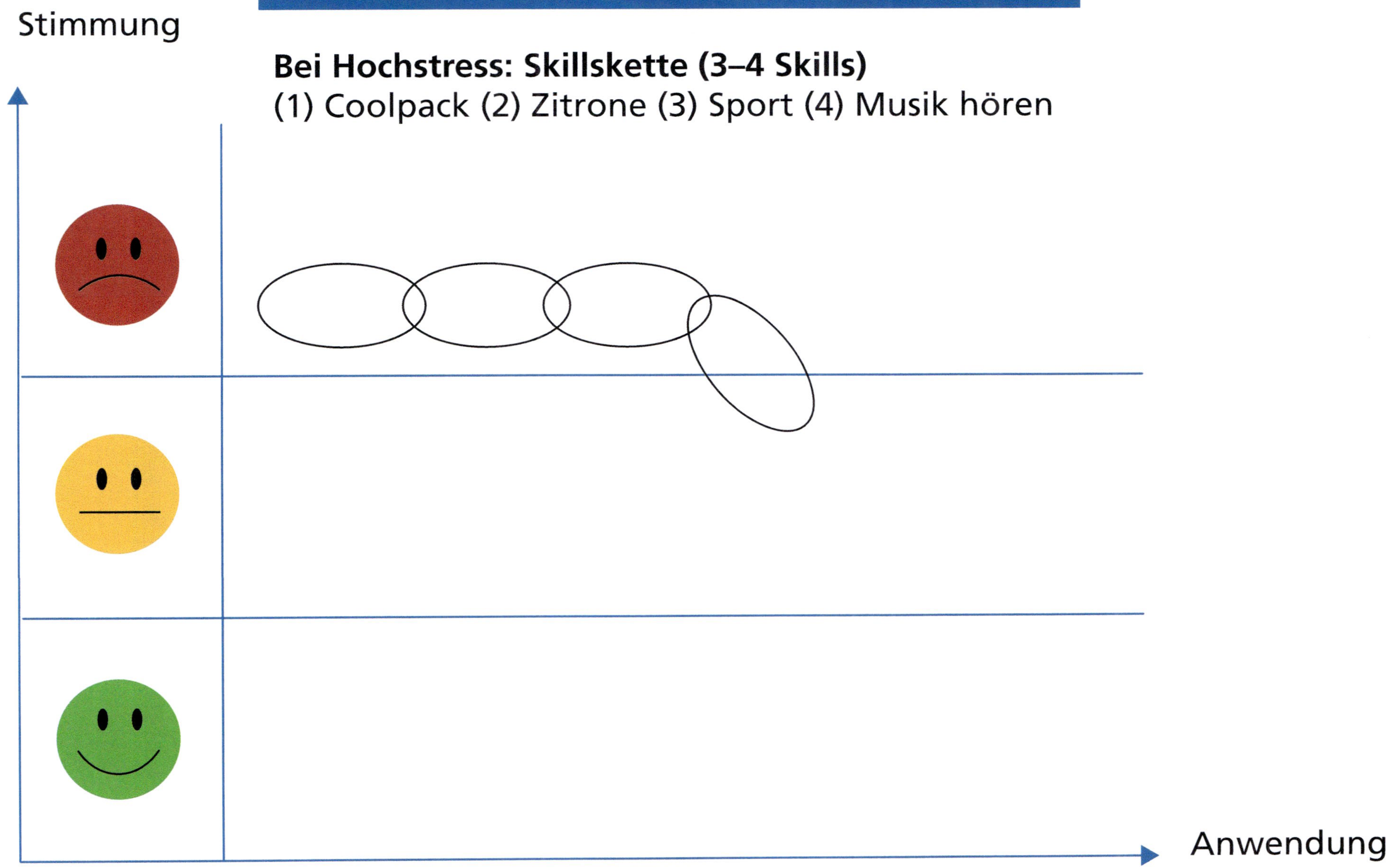

Beispiel B für eine Skillskette

Bei Hochstress: Skillskette (3–4 Skills)
(1) Coolpack (2) Zitrone (3) Sport (4) Musik hören

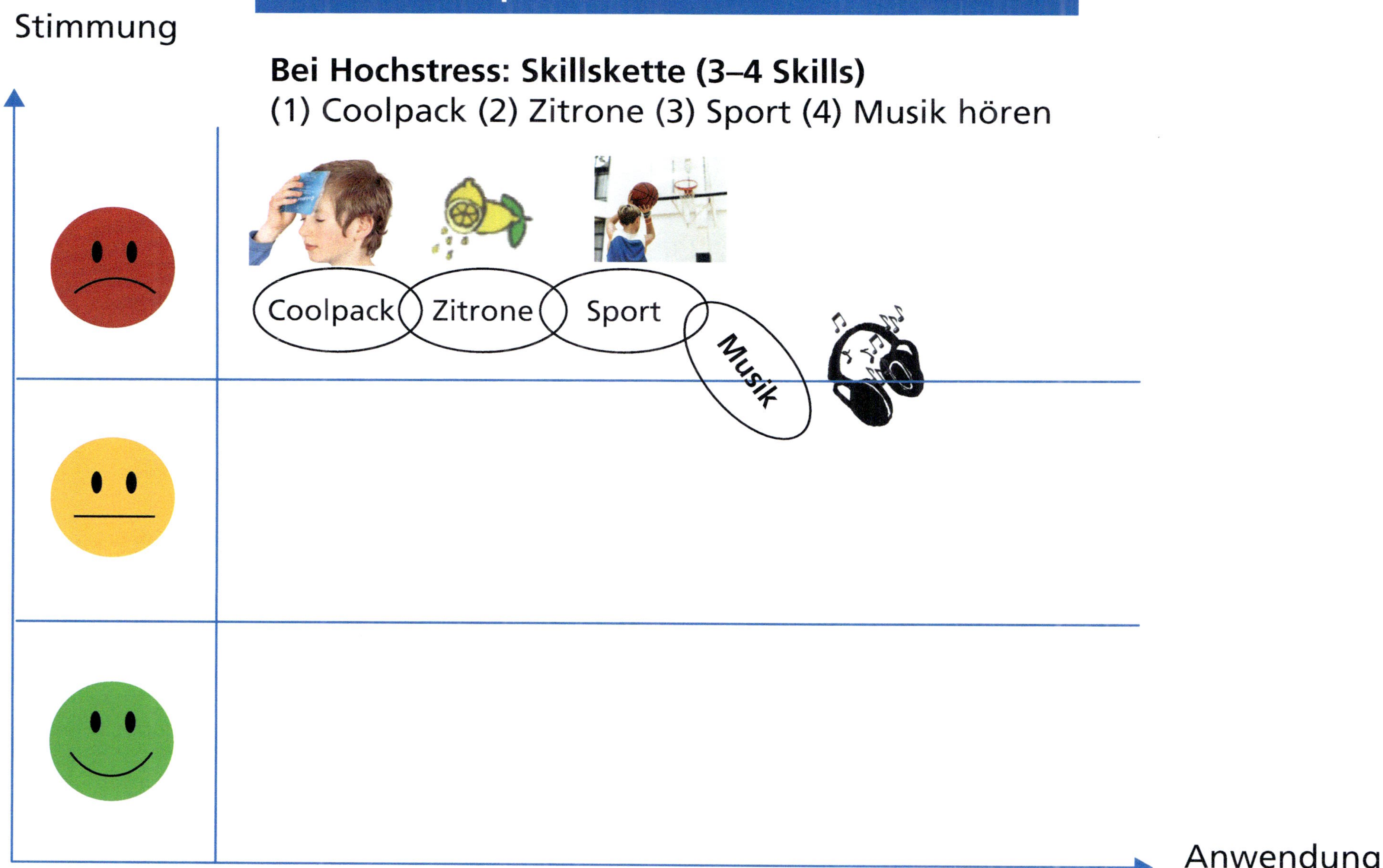

Beispiel C für eine Skillskette

Skills – Ausschneideblatt (1) für die persönliche Skillsliste

hier kannst du Bilder für deine persönliche Skillsliste ausschneiden oder du suchst dir in Zeitschriften weitere Bilder oder du malst sie selbst

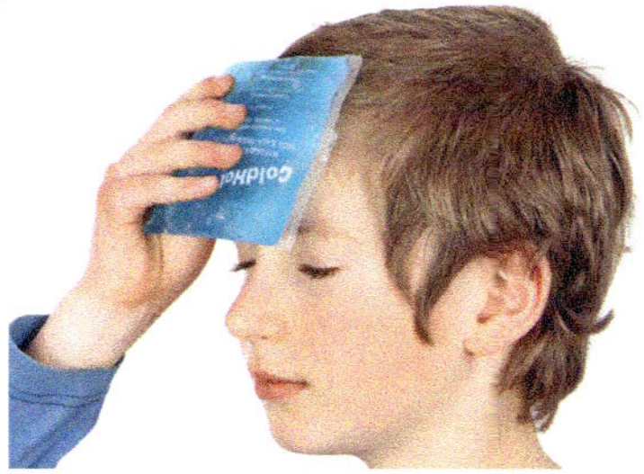
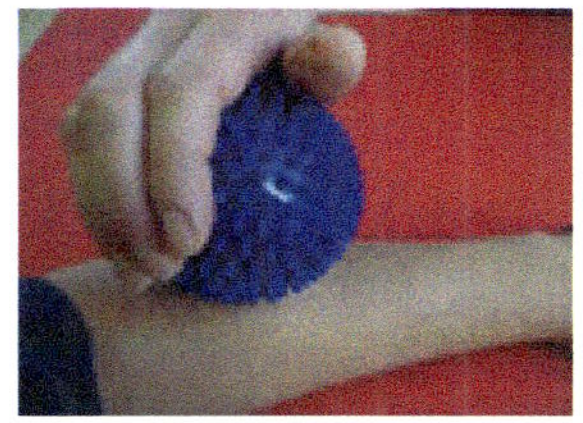
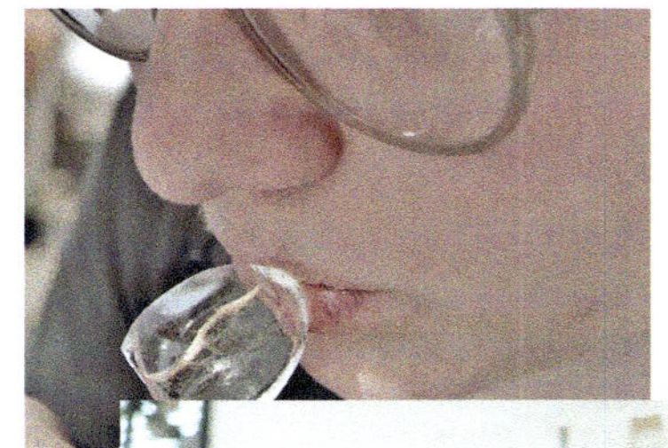

Skills – Ausschneideblatt (2) für die persönliche Skillsliste

hier kannst du Bilder für deine persönliche Skillsliste ausschneiden oder du suchst dir in Zeitschriften weitere Bilder oder du malst sie selbst

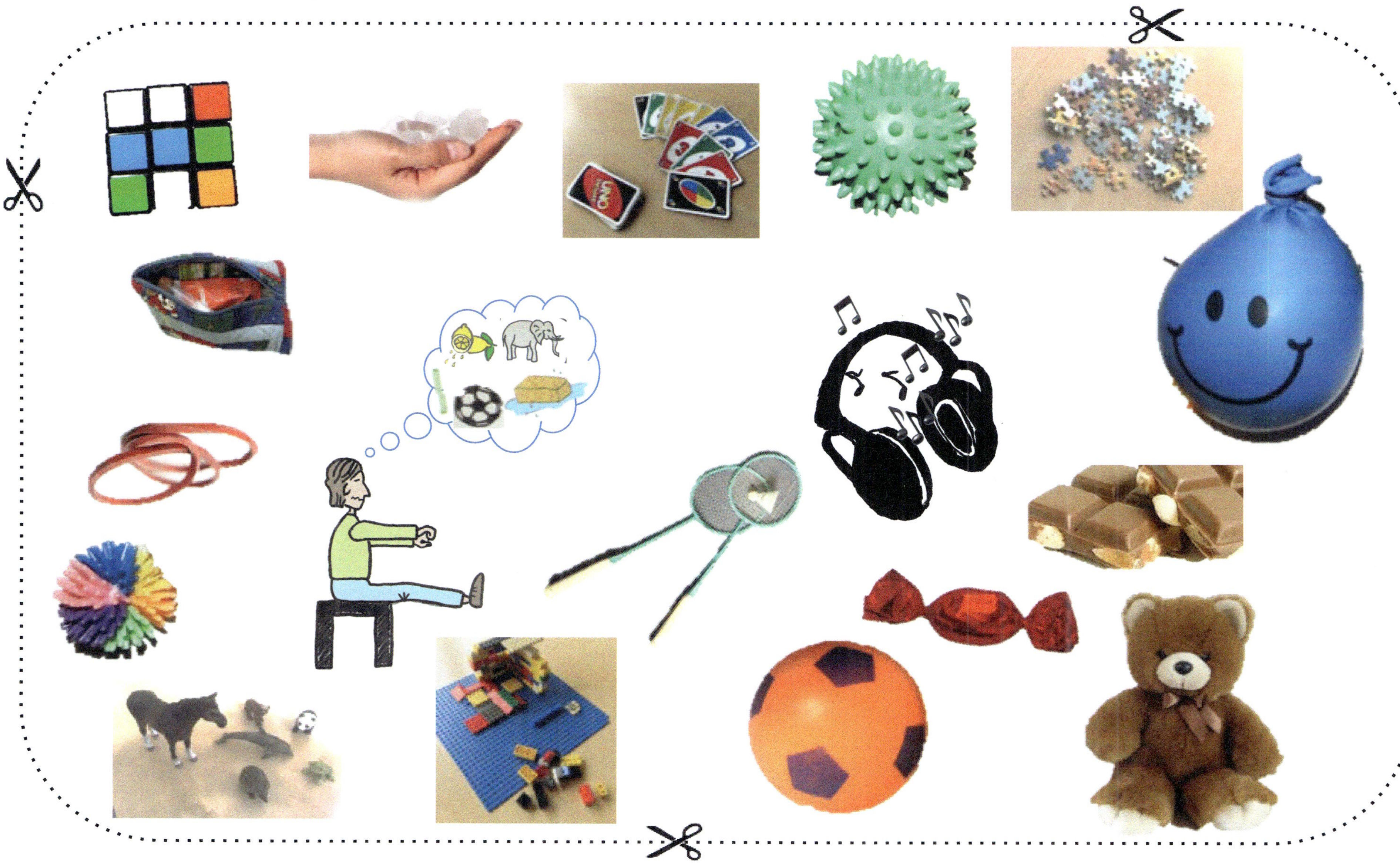

START-Kids Modul 5 – Teil 1

Achtsamkeit, Stressregulation

5.1.3 Einführung ins Modul

Infos für Kinder

5.1.6 „Dein persönlicher sicherer Wohlfühlort“

Info-/Übungsblatt

Dein persönlicher sicherer Wohlfühlort

Heute wollen wir eine Übung mit dir machen, die sich „Dein persönlicher sicherer Wohlfühlort“ nennt.

In der folgenden Übung kannst du dir einen angenehmen Ort in deiner Fantasie so gestalten, dass er für dich sicher ist und du dich wohlfühlen kannst, wenn du an diesen Ort denkst. Du hast alle Möglichkeiten, den Ort zu gestalten. Du bestimmst in deiner Fantasie, was du sehen, hören und spüren möchtest.

Bekommst du während der Übung dennoch unangenehme Gefühle oder Gedanken oder tauchen belastende Erinnerungen auf, dann kannst du jederzeit die Übung abbrechen und dich wieder im Raum auf die Gegenwart konzentrieren.

Übung: „Dein persönlicher sicherer Wohlfühlort“

Setze dich bitte bequem hin. Deine Füße stehen auf dem Boden, dein Rücken ist aufgerichtet, dein Kopf ist locker zwischen den Schultern, deine Hände kannst du auf deine Beine oder die Stuhllehnen legen.

Konzentriere dich nun auf deinen Atem.

Richte deinen Blick auf einen Punkt im Raum. Wenn es angenehmer für dich ist, kannst du natürlich auch die Augen schließen.

Nun achte auf deinen Atem.

Atme tief ein und aus. Ein und aus. Wiederhole dies ein paarmal. Stelle dir einen Ort vor, an dem du dich wohl und sicher fühlst.

Das kann ein Ort sein, den du vielleicht kennst oder ein Ort deiner Fantasie.

Du hast die Fähigkeit, alles an dem Ort so zu verändern, bis du dich richtig wohl fühlst. Wie sieht dein Ort aus? Gefällt dir der Ort? Wenn nicht, verändere ihn so, bis er schön und angenehm für dich aussieht.

Wie ist die Temperatur an diesem Ort, du kannst sie regeln – nicht zu warm und nicht zu kalt, genau so, bis sie angenehm und wohlfühlend für dich ist.

Was hörst du? Nimm wahr, und auch hier kannst du alles, Geräusche oder Stille, so verändern, wie es angenehm für dich ist.

Was riechst du? Nimm wahr, und auch die Gerüche kannst du so verändern, so wie es für dich sein soll und angenehm für dich ist.

Auch dein Körpergefühl kannst du verändern, so dass sich dein Körper gut und wohl anfühlt.

Wenn du dich ganz wohl fühlst und alles an deinem „persönlichen sicheren Wohlfühlort“ angenehm ist, dann mache eine kleine Bewegung oder Geste, zum Beispiel mit der Hand, und gebe deinem Ort einen Namen. Das kann auch ein Fantasiename sein. Die Bewegung oder der Name für den Ort können dir helfen, dich schneller im Alltag an deinen sicheren Ort zu erinnern.

Atme jetzt ein paarmal tief ein und langsam aus. Dann richte deine Aufmerksamkeit in den Raum und die Gegenwart. Öffne deine Augen.

Wenn du möchtest, kannst du auch ein Bild von deinem Wohlfühlort malen.

START-Kids Modul 5 – Teil 2

Achtsamkeit, Stressregulation

5.2.3 Einführung ins Modul

Infos für Kinder

5.2.6 Die „Anti-Stress-Waage“

Vielleicht kennt ihr schon eine Waage wie hier auf dem Bild, bei der auf beiden Seiten Gewichte verteilt werden können.

Sie hilft dabei zu verstehen, was ihr alles machen könnt, um euch ausgeglichener zu fühlen. Hört sich kompliziert an, ist aber eine ganz einfache Übung. In der Gruppe können wir ganz viele Ideen sammeln.

Wir benutzen diese Waage, um mit euch in der Gruppe zu überlegen und Ideen zu sammeln, was auf der einen Seite (rote Seite) alles Stress machen kann und was ihr auf der anderen Seite tun könnt, um Stress abzubauen (grüne Seite). Also zum Beispiel, um die „Anti-Stress-Waage“ ins Gleichgewicht zu bringen.

Auf der roten Seite der „Anti-Stresswaage“ sammeln sich als Gewichte alle „Stressmacher“, also alles, was euch stresst. Auf der grünen Seite sammeln sich als Gewichte alle Skills, die ihr nutzt, um euch gut zu fühlen. Die Skills sollen insgesamt mindestens genauso schwer wie die roten Stressmacher sein.

Die Stressmacher können unterschiedlich groß sein und verschiedene Formen haben. Hier verwenden wir dafür verschiedene rote Kugeln und Würfel (mit roten Emojis). Je mehr Stress ihr habt, desto mehr rote Kugeln könnt ihr auf der roten Stress-Seite der Waage sammeln. Dann neigt sich die Waage auf der roten Seite nach unten.

Beispiel „Timo“: *Timo muss bald einen Test in Mathe schreiben, er macht sich Sorgen, da Mathe nicht gerade sein Lieblingsfach ist. Er muss dafür sehr viel lernen. Das bedeutet für ihn aber Stress. Das heißt für ihn, dass „Stresskugel(n)“ die Waage auf der roten Stressseite nach unten ziehen und Tim sich sehr angespannt fühlt. Oje, der Stress steigt. Timo überlegt nun, welche Skills ihm helfen können. Die Anspannung stört ihn beim Lernen und Denken und der Stress wird so immer stärker.*

Zum Glück gibt es aber auch für Timo Skills. Was könnte Timo helfen, wieder zur Ruhe zu kommen und zu entspannen? Das können ganz verschiedene Dinge sein. Die Skills werden hier in der Übung mit grünen Kugeln und Würfel dargestellt. Auch die grünen Skills können verschieden groß sein, weil sie unterschiedlich stark helfen können. Ihr könnt sie anstelle von Timo auf der grünen Entspannungs-Seite der Waage sammeln, bis die beiden Seiten der Waage wieder ins Gleichgewicht kommen.

Timo hat auch schon gelernt, dass Skills gegen die Anspannung helfen. Deswegen setzt er einen Skill ein, der ihn oft wieder beruhigt: Er macht sich kaltes Wasser ins Gesicht, das hat gutgetan, er wiederholt das gleich ein paarmal. Dann macht er die Übung „Stress abschütteln“, die hat er bereits gelernt. Beide Übungen stehen in seiner persönlichen Skillsliste. Er ist nun weniger gestresst und kann wieder besser denken und lernen. Später holt er sich noch bei seiner Mutter Unterstützung. Timo hat nun also eine kleine Skillskette gemacht. Die „Anti-Stress-Waage“ kommt so wieder ins Gleichgewicht. Es hat sich also gelohnt, Skills einzusetzen.

Weitere Beispiele lernst du in den START Kids-Stunden kennen, oder du kannst dir schon einmal selbst ein paar Beispiele überlegen.

START-Kids Modul 6 – Teil 1

Achtsamkeit, Gefühlswahrnehmung

6.1.3 Einführung ins Modul

Infos für Kinder

6.1.7 Der „Wolkenskill“

Info-/Übungsblatt

Übung: „Wolkenskill“

Selbstberuhigung, Emotionsregulation

Bestimmt habt ihr schon mal in den Himmel geschaut und Wolken beobachtet. Wolken verändern sich in ihrer Form, verschwinden manchmal oder entstehen neu. Mit unseren Gefühlen ist dies manchmal ähnlich. Gefühle kommen und gehen. Manchmal sind sie wie dunkle Wolken und sind schwer auszuhalten und manchmal sind sie federleicht oder gar nicht da.

Du hast mittlerweile sehr viel über Gefühle erfahren. In dieser Übung möchten wir gemeinsam mit dir und der gesamten Gruppe mal schauen, welche Gefühle als eher „angenehm“ und welche Gefühle als eher „unangenehm“ empfunden werden. Alle Gefühle sind aber wichtig, weil sie uns helfen zu verstehen, wie wir uns oder andere sich im Moment fühlen.

Wie du bereits weißt, können in vielen Situationen bei zu hohem unangenehmen „Gefühlsstress“ Skills helfen, deine Anspannung zu verringern. Deshalb wollen wir dir heute einen besonderen Skill vorstellen, er nennt sich „Wolkenskill“.

Manche Gefühle sind unangenehm und erzeugen bei uns Stress, den wir unbedingt loswerden wollen, was uns oft nicht direkt gelingt. Aber es gibt einen hilfreichen Skill: „Wolkenskill“. Dieser Skill kann dir in deiner Vorstellung oder Fantasie helfen, schwierige Gefühle für einen Moment, bevor Hilfe da ist, auszuhalten. Gefühle und Stress verändert sich, so wie die Wolken am Himmel.

Lass uns zusammen ein paar Beispiele überlegen, wie und wodurch sich Gefühle bei dir verändert haben und was dabei hilfreich war.

START-Kids Modul 6 – Teil 2

Achtsamkeit, Gefühlswahrnehmung

6.2.3 Einführung ins Modul

Infos für Kinder

„Heute besuchen wir den ‚Erlebnispark der Gefühle‘, das wird eine spannende Reise!“

6.2.6 Warum sind Gefühle wichtig?

Info-/Übungsblatt

START-Modul: Gefühle

Heute wollen wir uns näher mit Gefühlen beschäftigen. Wozu haben wir eigentlich Gefühle?

Gefühle sind wichtig:

- durch sie fühlen wir uns lebendig
- Gefühle motivieren uns zu bestimmten Verhaltensweisen und Handlungen
- Gefühle beeinflussen unser Denken
- und unsere Gedanken beeinflussen unsere Gefühle
- sie sagen uns etwas über andere Menschen
- Gefühle werden durch Situationen ausgelöst oder beeinflussen auch die Situation
- Gefühle helfen uns, andere Menschen einzuschätzen, und geben uns wichtige Informationen, z. B. wenn Gefahr droht oder wenn wir ganz glücklich sind
- Gefühle verändern sich: manchmal sind sie ganz stark und schwächen sich dann wieder ab, so wie eine Welle, die sich aufbaut und dann wieder abflacht
- Es gibt Gefühle, die wir als schön und angenehm erleben und auch Gefühle, die wir nicht so gerne haben und die wir als eher unangenehm empfinden.

6.2.7 Erlebnispark der Gefühle

START-Kids Modul 7 – Teil 1

Achtsamkeit, Emotionswahrnehmung

7.1.3 Einführung ins Modul

Infos für Kinder

„Gefühle“ und „Stress“ spüren wir manchmal auch ganz deutlich im Körper. Vielleicht kennst du, wenn du dich freust, ein Kribbeln im Bauch. Bei nicht so angenehmen Gefühlen ist dies auch oft zu spüren, wie zum Beispiel bei Angst, Bauschmerzen oder Kopfschmerzen. Heute wollen wir mit dir zusammen schauen, wo sich Gefühle und Stress im Körper bemerkbar machen können.

7.1.6 Skillsübung: „colored body“

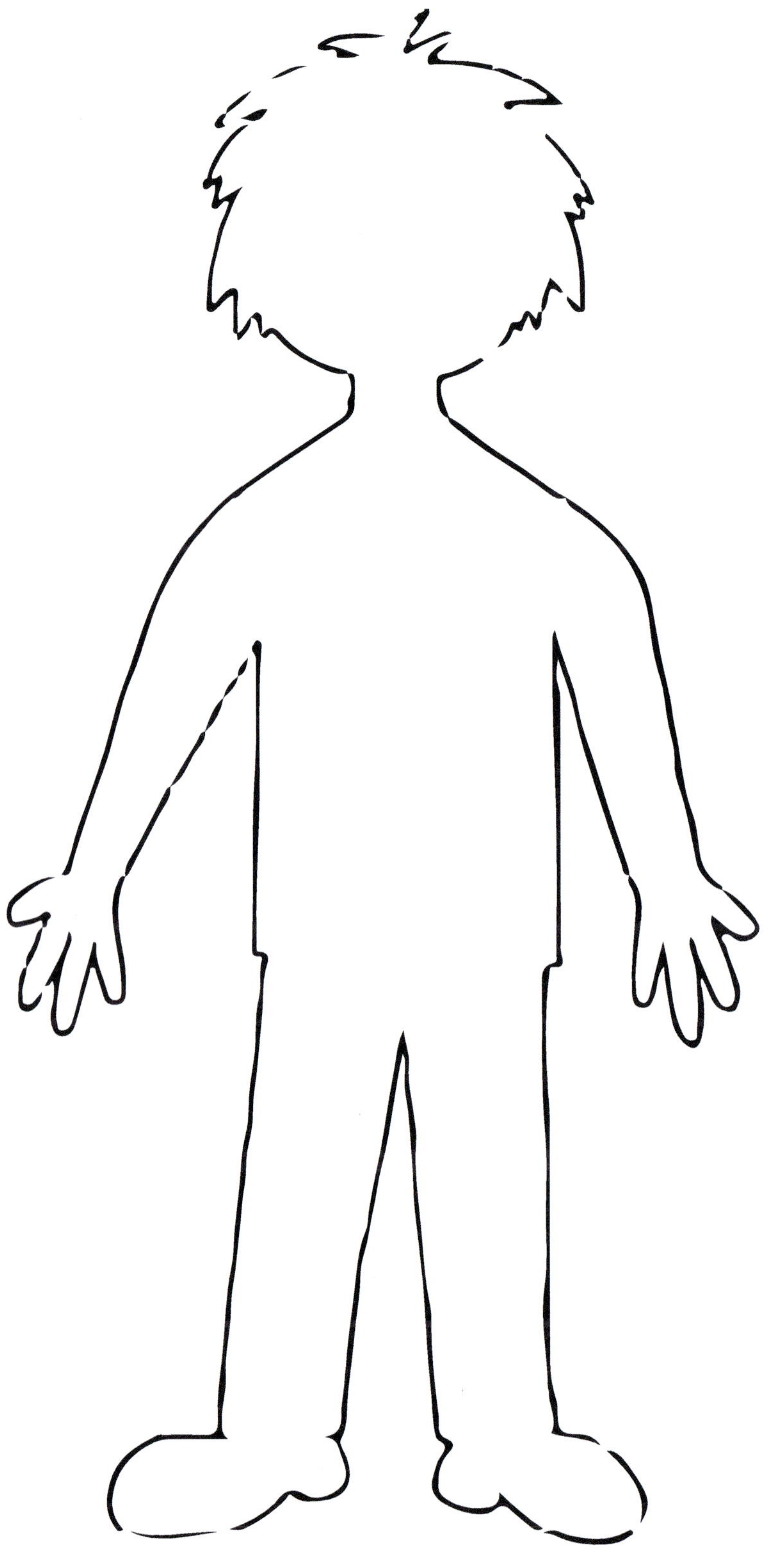

7.1.8 Atemübung „4-5-6“

Info-/Übungsblatt

Atemübung „4-5-6“

Selbstberuhigung, Achtsamkeit

Stress, Ängste, Sorgen – all das beschäftigt viele Menschen über den gesamten Tag und auch bis weit in die Nacht hinein. Die Folgen sind oft schlaflose Nächte, stundenlanges Wachliegen, morgens ganz müde sein, sich gar nicht mehr ausruhen können.

Du kennst schon ein paar Atemübungen, die dir helfen, dich zu beruhigen oder auch besser einzuschlafen. Beruhigende Atemtechniken lösen Stress, können schwierige Gedankenkreise auch einfach mal stoppen. Probiere regelmäßig, zum Beispiel kurze Zeit vor dem Schlafengehen oder bereits im Bett liegend, Atemtechniken aus. Wenn du langsam ausatmest, erhöht sich die Entspannung, da es das „beruhigende Nervensystem“ (Parasympathikus) anregt.

Heute lernen wir eine neue Technik, sie heißt „4-5-6 “, dies ist schon fast eine richtige „Profitechnik“!

Setze oder lege dich bequem und achtsam hin. Konzentriere dich auf deinen Atem. Lege eine Hand auf den Bauch, damit du bewusster dorthin atmen kannst. Beim Einatmen langsam in Gedanken bis 4 zählen, dann den Atem anhalten und bis 5 zählen, anschließend langsam ausatmen und bis 6 zählen.

Wiederhole die Übung mindestens 3-mal – du kannst sie auch gerne steigern, wenn du sie zu Hause übst.

Durch das Zählen der Atemzüge kannst du dich ganz auf das bewusste Atmen konzentrieren. Die Entspannung spürst du dann ganz von allein.

Einfach ausprobieren!

☺

START-Kids Modul 7 – Teil 2

Achtsamkeit, Gefühle regulieren

7.2.3 Einführung ins Modul

Infos für Kinder

7.2.7 Achtsamkeitsübung: „Einfache Bauchatmung“

Info-/Übungsblatt

Einfache Bauchatmung

Achtsamkeit, Selbstberuhigung, Stressregulation

Die einfache Bauchatmung ist klasse, du kannst sie überall machen. Du kannst dich damit selbst ganz gut beruhigen und dich relaxen. Hilfreich ist, wenn du die Übung öfters wiederholst. Die Übung hilft auch in Anspannungssituationen, z.B. in der Schule vor einer Prüfung oder Klassenarbeit oder ganz einfach bei Aufregung und Anspannung in vielen Situationen.

Lege nun bitte deine rechte Hand ganz einfach auf deinen Brustkorb. Deine linke Hand lege bitte auf deinen Bauch.

Atme nun durch deine Nase tief in deinen Bauch ein. Spüre wie sich dein Bauch hebt, wie wenn du einen Luftballon aufpusten würdest (wie in Bild 1). Dann atme ganz langsam wieder aus, du spürst, wie dein Bauch sich senkt (wie in Bild 2).

Wiederhole die Übung mindestens 10 Mal.

Einfach ausprobieren!!!

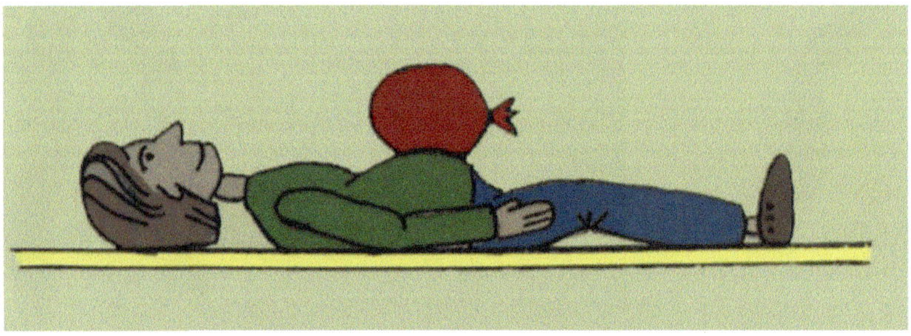

Bild 1: Einfache Bauchatmung – einatmen

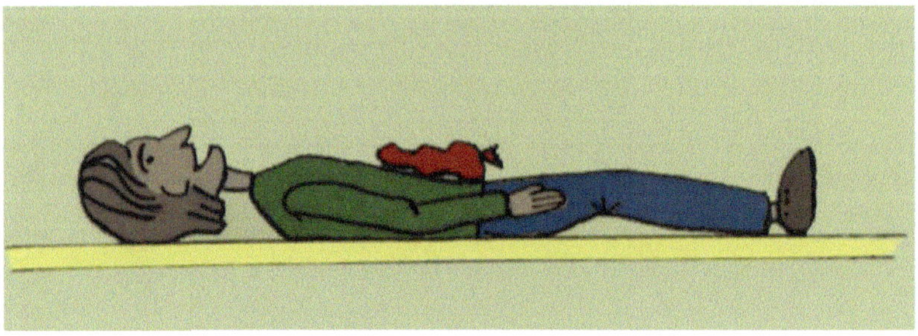

Bild 2: Einfache Bauchatmung – ausatmen

START-Kids Modul 8 – Teil 1

Achtsamkeit, Gefühle regulieren

8.1.3 Einführung ins Modul

Infos für Kinder

8.1.6 Übung: „Gefühle, Gedanken, Verhalten und Skills"

Info-/Übungsblatt

„Gefühle, Gedanken, Verhalten und Skills"

Gefühle haben wir alle. Gefühle beeinflussen uns. Das hast du bestimmt schon gemerkt. Gefühle beeinflussen unser Denken und Verhalten. Wenn wir zum Beispiel sehr glücklich sind, dann lachen wir vielleicht und fühlen uns vielleicht auch sehr stark. Wenn wir sehr traurig sind, dann ziehen wir uns manchmal ruhig zurück oder weinen auch mal. Also: Bestimmte Situationen, Erinnerungen und auch andere Menschen lösen bei uns unterschiedliche Gefühle aus. Gefühle werden durch unsere Gedanken stark beeinflusst. Manchmal drängen sich auch Gefühle auf und sind plötzlich einfach da! Vielleicht kennst du das, dass du plötzlich von Gefühlen richtig überrollt wirst. Manchmal wechselt deine Stimmung oder dein Gefühl vielleicht auch schnell? Oder manchmal weißt du vielleicht gar nicht mehr, wie du dich fühlst. Heute wird es deswegen spannend – wir wollen mal schauen, wie Gefühle, Gedanken, Verhalten und Wahrnehmung, also was wir sonst noch erleben, zusammenhängen.

Und dann überlegen wir mal, welche Skills helfen können, sich angenehmer zu fühlen. Skills hast du ja schon einige kennengelernt.

8.1.7 Gefühlsnetzwerk

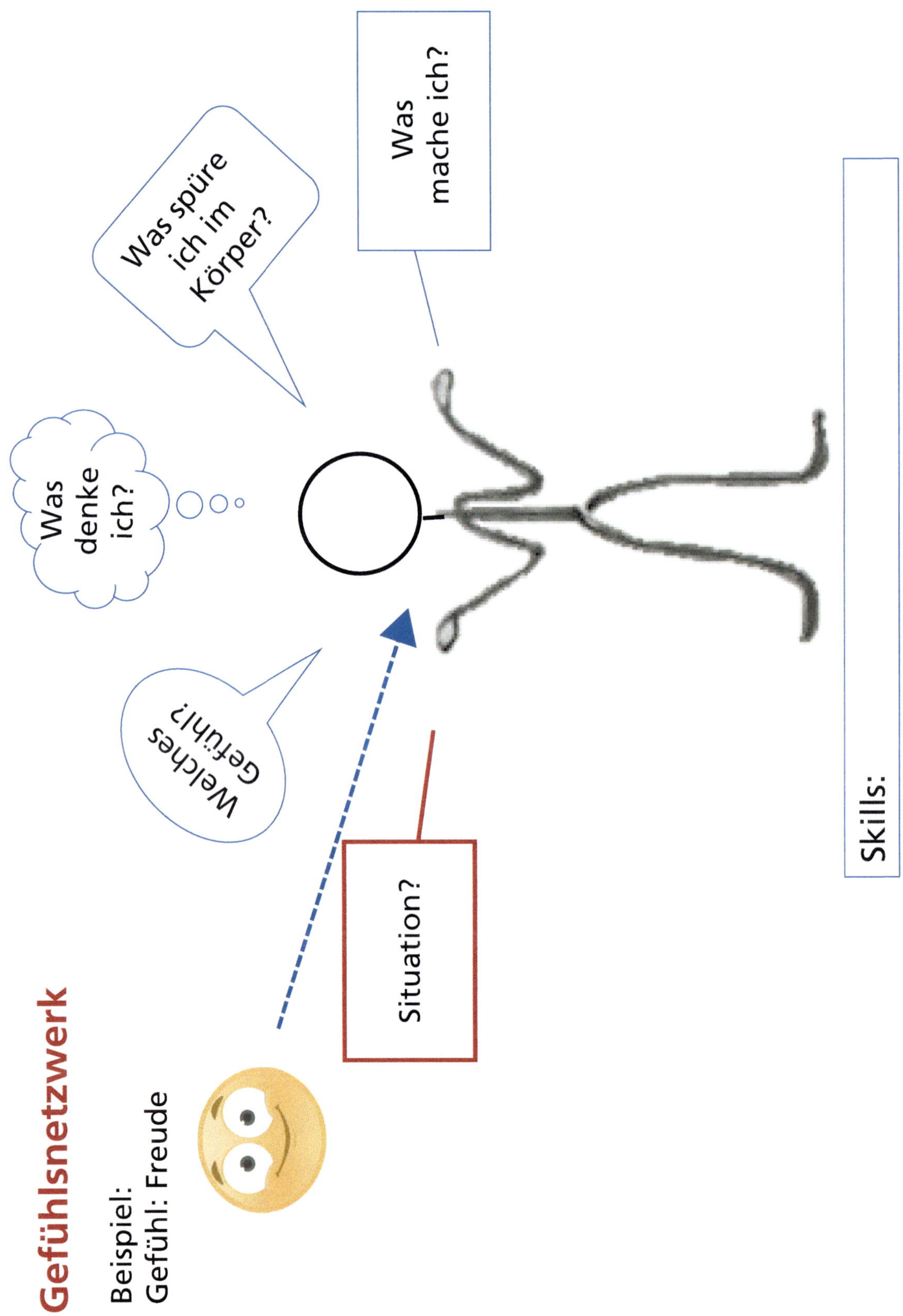

START-Kids Modul 8 – Teil 2

Achtsamkeit, Gefühle regulieren

8.2.3 Einführung ins Modul

Infos für Kinder

Info-/Übungsblatt

Infos zum Modul

„Heute ist zunächst unsere letzte START-Kids-Stunde. Wir sehen uns aber noch einmal mit deinen Eltern, Betreuerinnen oder Betreuern zusammen. Heute möchten wir mit dir noch einmal deine Skills vertiefen, deine „persönliche Skillsliste“ zusammen anschauen, dir noch neue Skills vorstellen, einen Krisenplan für alle Fälle besprechen und hilfreiche Informationen geben.

Am Anfang machen wir wie immer eine aktive Achtsamkeitsübung, ihr dürft euch eine Übung wünschen.“

Viel Spaß!!!

„Sicherheits-Notfallkärtchen“

Sicherheitskärtchen

akuter Notfall: ....(Notfallnummer)

meine Notfallskills:

Wenn möglich, schnell Hilfe und Unterstützung holen!!!

wichtige Telefonnummern/ **Notfalltelefonnummern:**

Tel.: . . . . (Freund/in)
Tel.: . . . . (Betreuer/in)
Tel.: . . . . (Therapeut/Arzt)
Tel.: . . . . ( )
Tel.: . . . . ( )
Tel.: . . . . ( )

Sicherheitskärtchen *(Rückseite)*

meine Adresse
Name:
Straße:
Ort:
Tel.:

Schneide die beiden Seiten aus und klebe sie zusammen. Danach trage die wichtigen Infos ein. Du kannst das Kärtchen dann immer mit dir führen, wenn du möchtest. Auch dieses Kärtchen ist ein Skill.

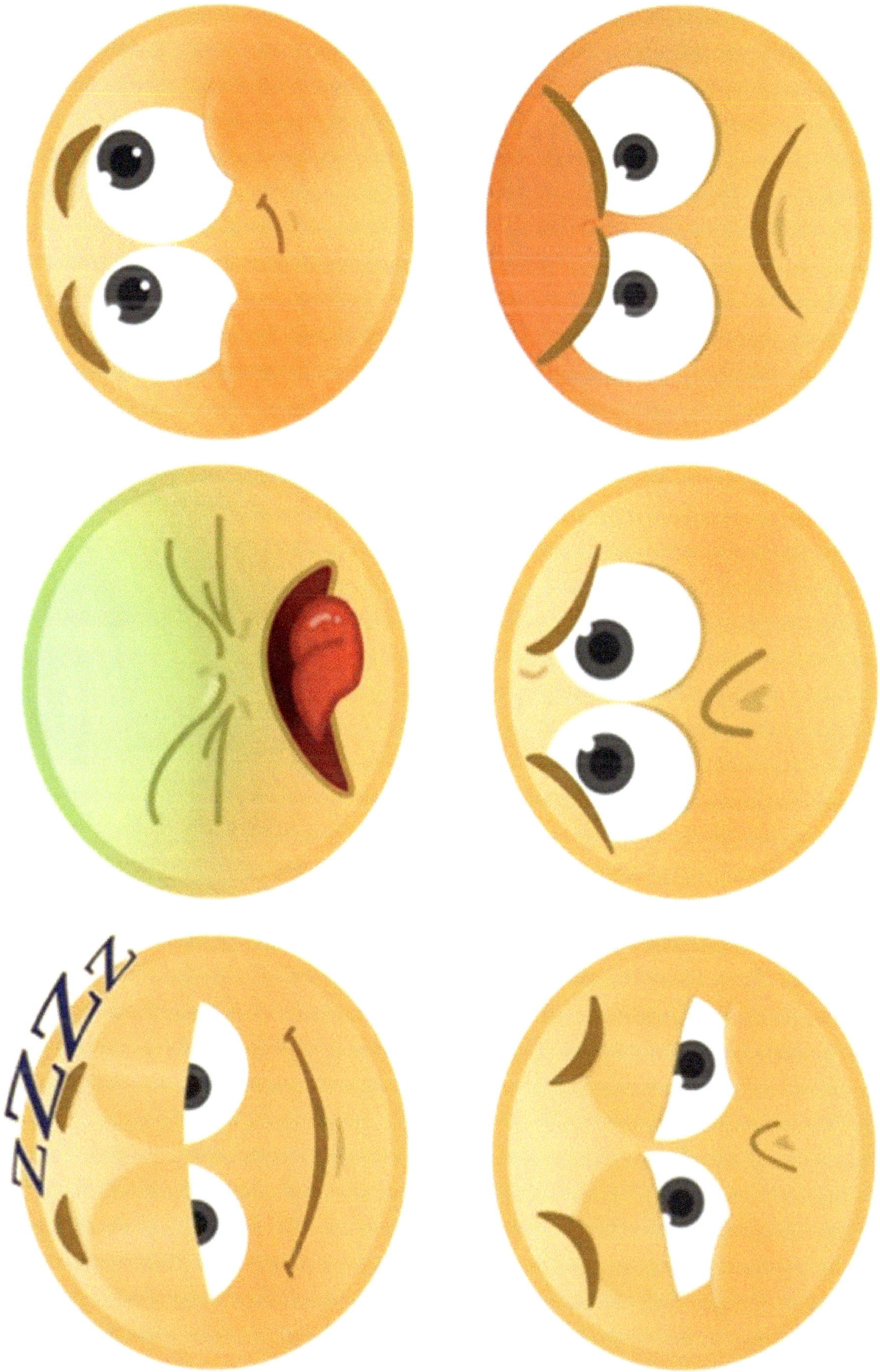